um útero é do tamanho de um punho

poesia de bolso

angélica freitas

um útero é do tamanho de um punho

10ª reimpressão

Copyright © 2017 by Angélica Freitas

Grafia atualizada segundo o Acordo Ortográfico da Língua Portuguesa de 1990, que entrou em vigor no Brasil em 2009.

Capa, ilustração e projeto gráfico
Elisa von Randow

Revisão
Angela das Neves
Thaís Totino Richter

Dados Internacionais de Catalogação na Publicação (CIP)
(Câmara Brasileira do Livro, SP, Brasil)

Freitas, Angélica.
 Um útero é do tamanho de um punho / Angélica
Freitas. — 1ª ed. — São Paulo : Companhia das Letras,
2017.

 ISBN 978-85-359-2982-9

 1. Poesia brasileira I. Título.

17-06584   CDD-869.1

Índice para catálogo sistemático:
1. Poesia : Literatura brasileira   869.1

Todos os direitos desta edição reservados à
EDITORA SCHWARCZ S.A.
Rua Bandeira Paulista, 702, cj. 32
04532-002 — São Paulo — SP
Telefone: (11) 3707 3500
www.companhiadasletras.com.br
www.blogdacompanhia.com.br
facebook.com/companhiadasletras
instagram.com/companhiadasletras
twitter.com/cialetras

sumário

uma mulher limpa................................... 9
porque uma mulher boa................................ 11
uma mulher muito feia................................ 12
uma mulher sóbria................................ 13
era uma vez uma mulher................................ 14
uma canção popular (séc. XIX-XX):................ 15
uma mulher gorda................................ 16
é o poema da mulher suja................................ 17
uma mulher insanamente bonita................ 18
uma mulher limpa................................ 19
uma mulher gostava muito de escovar os dentes..... 20
uma mulher não gostava de dizer................ 21
uma mulher sóbria................................ 22
era uma vez uma mulher que não perdia............ 23
alcachofra................................ 24

mulher de................................ 29
mulher de vermelho................................ 31
mulher de valores................................ 32
mulher de posses................................ 34
mulher depois................................ 35
mulher de rollers................................ 36
mulher depressa................................ 37
mulher de um homem só................................ 38
mulher de respeito................................ 39
mulher de malandro................................ 40
mulher de regime................................ 41

a mulher é uma construção............ 43

a mulher é uma construção............ 45

uma serpente com a boca cheia de colgate......... 47

ítaca............ 50

metonímia............ 52

querida angélica............ 53

pós............ 54

eu durmo comigo............ 55

um útero é do tamanho de um punho......... 57

3 poemas com o auxílio do google............ 67

a mulher vai............ 69

a mulher pensa............ 71

a mulher quer............ 72

argentina 73

o livro rosa do coração dos trouxas 81

Sobre a autora 93

Und ein Schiff mit acht Segeln
Und mit fünfzig Kanonen
Wird liegen am Kai

(Bertolt Brecht/Kurt Weill, "Seeräuber Jenny")

i piri qui

uma mulher limpa

porque uma mulher boa
é uma mulher limpa
e se ela é uma mulher limpa
ela é uma mulher boa

há milhões, milhões de anos
pôs-se sobre duas patas
a mulher era braba e suja
braba e suja e ladrava

porque uma mulher braba
não é uma mulher boa
e uma mulher boa
é uma mulher limpa

há milhões, milhões de anos
pôs-se sobre duas patas
não ladra mais, é mansa
é mansa e boa e limpa

uma mulher muito feia
era extremamente limpa
e tinha uma irmã menos feia
que era mais ou menos limpa

e ainda uma prima
incrivelmente bonita
que mantinha tão somente
as partes essenciais limpas
que eram o cabelo e o sexo

mantinha o cabelo e o sexo
extremamente limpos
com um xampu feito no texas
por mexicanos aburridos

mas a heroína deste poema
era uma mulher muito feia
extremamente limpa
que levou por muitos anos
uma vida sem eventos

uma mulher sóbria
é uma mulher limpa
uma mulher ébria
é uma mulher suja

dos animais deste mundo
com unhas ou sem unhas
é da mulher ébria e suja
que tudo se aproveita

as orelhas o focinho
a barriga os joelhos
até o rabo em parafuso
os mindinhos os artelhos

era uma vez uma mulher
e ela queria falar de gênero

era uma vez outra mulher
e ela queria falar de coletivos

e outra mulher ainda
especialista em declinações

a união faz a força
então as três se juntaram

e fundaram o grupo de estudos
      celso pedro luft

uma canção popular (séc. XIX-XX):

uma mulher incomoda
é interditada
levada para o depósito
das mulheres que incomodam

loucas louquinhas
tantãs da cabeça
ataduras banhos frios
descargas elétricas

são porcas permanentes
mas como descobrem os maridos
enriquecidos subitamente
as porcas loucas trancafiadas
são muito convenientes

interna, enterra

uma mulher gorda
incomoda muita gente
uma mulher gorda e bêbada
incomoda muito mais

uma mulher gorda
é uma mulher suja
uma mulher suja
incomoda incomoda
muito mais

uma mulher limpa
rápido
uma mulher limpa

é o poema da mulher suja
da mulher suja que vi na feira
no chão juntando bananas
e uvas caídas dos cachos

tinha o rosto sujo
as mãos imundas
e sob as unhas compridas
milhares de micróbios

e em seus cabelos
longos, sujos, cacheados
milhares de piolhos

a mulher suja da feira
ela mesma uma fruta
caída de um cacho

era frugívora
pelas circunstâncias

gostava muito de uvas
mas em não havendo uvas
gostava também de bananas

uma mulher insanamente bonita
um dia vai ganhar um automóvel
com certeza vai
ganhar um automóvel

e muitas flores
quantas forem necessárias
mais que as feias, as doentes
e as secretárias juntas

já uma mulher estranhamente bonita
pode ganhar flores
e também pode ganhar um automóvel

mas um dia vai
com certeza vai
precisar vendê-lo

uma mulher limpa
aguarda pacientemente
na fila de transplantes de fígado
não acharam doador

não pode fazer muito esforço
de verdade nenhum esforço
fica na cama esperando
sempre limpa e sempre alerta

quando ligarem do governo
para avisar que encontraram
e que o fígado vem voando
para habitar sua barriga

ela estará limpa
limpa como uma gaveta
pronta para a nova vida
pronta para o novo fígado

uma mulher gostava muito de escovar os dentes
escovava-os com vigor
escovava-os de manhã de tarde e de noite
os três melhores momentos do dia

escovava-os com muita pasta
num movimento circular
alternando as arcadas
enquanto recitava

para dentro para baixo
o sutra prajnaparamita
ou a canção if i had a hammer

ao cuspir sentia-se muito melhor

uma mulher não gostava de dizer
"uma mulher"
o que ouvia era "mamu"

também não gostava
de dizer "uma amiga"
"mami"

e ainda outra mulher havia
que não gostava de "mamão"
nem de "mamoa"
e muito menos de "mamona"

uma mulher sóbria
ganhou de natal uma boia
mas ela nunca nadou
nem ela nem o marido

quis saber o que a boia
significava

a irmã que lhe deu a boia
disse: "boia não se explica
boia se usa"

depois lhe disseram:

"boia é para flutuar na água"

"boia é para quem não sabe nadar"

"boia é para criança"

"não há nada mais estúpido
no mundo do que uma boia
e além do mais
aqui não há rio, lagoa ou piscina"

era uma vez uma mulher que não perdia
a chance de enfiar o dedo no ânus

no próprio ou no dos outros

o polegar, o indicador, o médio
o anular ou o mindinho

sentia-se bem com o mindinho

nos outros, era sempre o médio
por ela, enfiava logo o polegar

não, nenhuma consequência

alcachofra

amélia que era a mulher de verdade
fugiu com a mulher barbada
     barbaridade
foram morar num pequeno barraco
às margens do arroio macaco
     em pedra lascada, rs

primeiro a solidão foi imensa
as duas não tinham visitas
     nem televisor
passavam os dias se catando
pois tinham pegado piolho
     e havia pulgas no lugar

"somos livres" dizia amélia
e se atirava no sofá
     e suspirava
a mulher barbada também suspirava
e de tanto suspirar
     já estava desesperada

"gostavas mais como era antes?"
perguntou amélia, desconfiada
     temia que a outra
pensasse no circo
pois agora passavam os dias
     só as duas no barraco

a mulher barbada sempre fora
de poucas e precisas palavras
        quase nem falava
assentia com a cabeça, balançava-a
se não concordava, como os simples
        ou os que perderam a língua

a mulher barbada simplesmente não sentia
aquela necessidade de discutir
        cada coisa do dia a dia
e amélia ficava grilada, então
além das pulgas e dos piolhos
        era inseto pra caramba

....
....
....

"vivo com uma desconhecida"
 disse amélia, certo dia, no barraco
"eu vou comprar cigarros"
 disse a mulher barbada
"tu não vais a lugar nenhum"
 disse amélia, "senta a tua bunda
 peluda no sofá
 que eu quero conversar"
 a mulher barbada bufou
 mas fez o que mandou a companheira

amélia contou de sua infância
em pinta preta, rs
e como era a garota mais cobiçada
porque não tinha a menor vaidade
e havia uns cinco rapazes pelo menos
que pensavam desposá-la
porque era conhecido o seu custo-benefício
muito mais quilômetros por litro
etc etc etc

     "agora me conta de ti"

ti   ti   ti
ficou ecoando a palavra
que a mulher barbada
mais detestava
(depois de tu)
"e se essa louca
for a minha dalila?
o que que eu faço?
pra onde é que eu corro?"

    "sabe uma coisa que é boa pro estômago
       é chá de alcachofra"
    foi o que a mulher barbada ouviu
    sair de sua boca

....

....

....

misteriosos pontinhos pretos
invadiram o espaço aéreo
dos olhos de amélia
e amélia disse: "chega, tu não me valorizas"
e ainda "levanta essa bunda peluda do sofá,
faz alguma coisa"
então a mulher barbada levantou a sua bunda peluda
do sofá e fez uma coisa: pegou um navio de bandeira grega
o kombustaun spontanya, e zarpou pra servir
na marinha. virou o cabo seraferydo
dele ou dela não se teve mais notícia
amélia voltou para pinta preta
onde foi perdoa... promovi... esfaquea...

....
....
....

mulher de

mulher de vermelho

o que será que ela quer
essa mulher de vermelho
alguma coisa ela quer
pra ter posto esse vestido
não pode ser apenas
uma escolha casual
podia ser um amarelo
verde ou talvez azul
mas ela escolheu vermelho
ela sabe o que ela quer
e ela escolheu vestido
e ela é uma mulher
então com base nesses fatos
eu já posso afirmar
que conheço o seu desejo
caro watson, elementar:
o que ela quer sou euzinho
sou euzinho o que ela quer
só pode ser euzinho
o que mais podia ser

mulher de valores

era bem de sagitário
e o primeiro que fazia
era dar bom dia, dia
      à janela
depois acordava os filhos
e ao marido lhe dizia
deus ajuda quem madruga
      seu madruga
despachava a família
e ligava o notebook
conectava-se à bolsa
      de valores
e lá fazia horrores
porque tinha feito um curso
de como operar a bolsa
      na fiergs
investia alguma coisa
e ganhava coisa alguma
que investia novamente
      no mercado
e quando chegavam os filhos
e chegava o marido
eles comiam congelados
      da sadia
às onze os despachava
e abria o notebook
pra jogar o seu mahjong
      descansada
mal podia esperar

que chegasse a manhã
e reabrisse a sua bolsa
      de valores
      de valores
      de valores

mulher de posses

em comum com o mestre zen
que quebrou a sua xícara
porque a ela se apegava
esta mulher não tem nada
por outro lado tem
aparelho completo de chá
e faqueiro vindo de solingen
nunca ofereceu
um chá que fosse
e jantares, quando houve
só usaram tramontina
mas nada pretende vender
e se é uma arte perder
desolée, não a domina

mulher depois

queridos pai e mãe
tô escrevendo da tailândia
é um país fascinante
tem até elefante
e umas praias bem bacanas

mas tô aqui por outras coisas
embora adore fazer turismo
pai, lembra quando você dizia
que eu parecia uma guria
e a mãe pedia: deixem disso?

pois agora eu virei mulher
me operei e virei mulher
não precisa me aceitar
não precisa nem me olhar
mas agora eu sou mulher

mulher de rollers

no condomínio querem saber
se ela pirou de vez
ou se vai competir
nalguma espécie de jogos olímpicos
porque deu para andar de rollers
na área comum do prédio
prejudicando a saída
e a entrada de veículos
ainda por cima anda mal
nem ganhou velocidade
pirueta é coisa então
para a próxima encarnação
consternação entre condôminos
com seu senso do ridículo
"essa daí vai acabar
como na música do chico"
"vai passar nesta avenida
um samba popular?"
"não, atrapalhando o tráfego"

mulher depressa

vamos lá, companheiro
vamos lá que eu tenho pressa, companheiro
o mundo inteiro está mudando, companheiro
e você está trancado no banheiro
o dia inteiro, o que se passa, companheiro
está com medo da mudança, companheiro
você sabia que esse dia, companheiro
estava chegando e mesmo assim você se encontra
trancafiado no banheiro, companheiro
não tem revolução que aguente, companheiro
dor de barriga a gente entende, companheiro
mas já é tarde, está na hora, estou com pressa
vamos embora, a história não espera, companheiro
ah, já escuto a sua descarga, companheiro
é o amanhecer da nova era, companheiro
então se limpe e lave as mãos e vamos todos
dar as mãos, viva a revolução, companheiro

mulher de um homem só

lá vem a mulher
de um homem só
só pela rua deserta
em sua bicicleta
sem bagageiro

está passando
a mulher de um homem só
só pela rua deserta
em sua bicicleta
sem bagageiro

acabou de passar
a mulher de um homem só
só pela rua deserta
em sua bicicleta
sem bagageiro

silêncio

mulher de respeito

diz-me com quem te deitas
angélica freitas

mulher de malandro

mulher de malandro
malandra é
vai dizer que não pode
ser verdade
os dois, marido e mulher
vivendo na malandragem
na maior malandragem
permitida pelas engrenagens
do sistema capitalista
não são zen, não são budistas
não têm trabalho à vista
e se têm, fingem que não o veem
hoje não fazem nada
amanhã vão passear
e nem sabem quem foi o henry miller

mulher de regime

eu me sinto tão mal
eu vou lhe dizer eu me sinto tão mal
engordei vinte quilos depois que voltei do hospital
quebrei o pé
eu vou lhe contar eu quebrei o pé
e não pude mais correr eu corria 10 km/dia
aí um dia minha mãe falou: regina
regina você precisa fazer um regime você está enorme
você fica aí na cama comendo biscoito
e usando essa roupa horrível que parece um saco de batatas
um saco de batatas com um furo pra cabeça
também não precisava óbvio que fiquei magoada
primeiro fiquei muito magoada depois pensei: ela tem razão
daí eu comecei regime porque me sentia mal
eu me sinto mal eu me sinto tão mal
troquei os biscoitos por brócolis queijo cottage e aipo
coragem eu não tenho de fazer uma lipo
eu me sinto tão mal por tudo que comi esse tempo todo
tão mal e tem tanta gente passando fome no mundo

a mulher é uma construção

a mulher é uma construção

a mulher é uma construção
deve ser

a mulher basicamente é pra ser
um conjunto habitacional
tudo igual
tudo rebocado
só muda a cor

particularmente sou uma mulher
de tijolos à vista
nas reuniões sociais tendo a ser
a mais malvestida

digo que sou jornalista

(a mulher é uma construção
com buracos demais

vaza

a revista nova é o ministério
dos assuntos cloacais
perdão
não se fala em merda na revista nova)

você é mulher
e se de repente acorda binária e azul
e passa o dia ligando e desligando a luz?

(você gosta de ser brasileira?
de se chamar virginia woolf?)

a mulher é uma construção
maquiagem é camuflagem

toda mulher tem um amigo gay
como é bom ter amigos

todos os amigos têm um amigo gay
que tem uma mulher
que lhe chama de fred astaire

neste ponto, já é tarde
as psicólogas do café freud
se olham e sorriem

nada vai mudar —

nada nunca vai mudar —

a mulher é uma construção

uma serpente com a boca cheia de colgate

1.

tomo café
vou ao banheiro
me olho no espelho
tomo mais café

vou ao banheiro
me olho no espelho
escovo os dentes

meto colgate
na boca
diariamente

tomo café
tomo mais café
me olho no espelho
34 quase 35

é uma senhora
bonjour madame
é uma serpente
sssss ssss
com a boca cheia
de colgate

2.

34 quase 35

molares obturados
sisos removidos

é uma amiga minha
é a filha da minha mãe
é a mulher maravilha
do carnaval de 79

3.

me olho no espelho
da andrade neves
da general osório
da garturk street
da johanitterstrasse
da barão de tatuí
da 11 de abril
de poptahof-zuid

bu
buu
buuu

é uma serpente
com a boca cheia
completamente

respeitável público
em dúvida
não atrapalhe

4.

não diz coisa com
coisa nem escreve nada
que preste
não alivia as massas
nem seduz as cobras

se reduz a isso

a palhaça
toca fagote
com a boca cheia
de colgate

ítaca

se quiser empreender viagem a ítaca
ligue antes
porque parece que tudo em ítaca
está lotado
os bares os restaurantes
os hotéis baratos
os hotéis caros
já não se pode viajar sem reservas
ao mar jônico
e mesmo a viagem
de dez horas parece dez anos
escalas no egito?
nem pensar
e os freeshops estão cheios
de cheiros que você pode comprar
com cartão de crédito.
toda a vida você quis
visitar a grécia
era um sonho de infância
concebido na adultidade
itália, frança: adultério
(coisa de adultos?
não escuto resposta)
bem se quiser vá a ítaca
peça a um primo
que lhe empreste euros e vá a ítaca
é mais barato ir à ilha de comandatuba
mas dizem que o azul do mar
não é igual.

aproveite para mandar e-mails
dos cybercafés locais
quem manda postais?
mande fotos digitais
torre no sol
leve hipoglós
em ítaca compreenderá
para que serve
a hipoglós.

metonímia

alguém quer saber o que é metonímia
abre uma página da wikipédia
se depara com um trecho de borges
em que a proa representa o navio

a parte pelo todo se chama sinédoque

a parte pelo todo em minha vida
este pedaço de tapeçaria
é representativo? não é representativo?

eu não queria saber o que era
metonímia, entrei na página errada
eu queria saber como se chegava
perguntei a um guarda

não queria fazer uma leitura
equivocada
mas todas as leituras de poesia
são equivocadas

queria escrever um poema
bem contemporâneo
sem ter que trocar fluidos
com o contemporâneo

como roland barthes na cama
só os clássicos

querida angélica

querida angélica não pude ir fiquei presa
no elevador entre o décimo e o nono andar e até
que o zelador se desse conta já eram dez e meia

querida angélica não pude ir tive um pequeno
acidente doméstico meu cabelo se enganchou dentro
da lavadora na verdade está preso até agora estou
ditando este e-mail para minha vizinha

querida angélica não pude ir meu cachorro
morreu e depois ressuscitou e subiu aos céus
passei a tarde envolvida com os bombeiros
e as escadas magírus

querida angélica não pude ir perdi meu cartão
do banco num caixa automático fui reclamar
para o guarda que na verdade era assaltante
me roubou a bolsa e com o choque tive amnésia

querida angélica não pude ir meu chefe me ligou
na última hora disse que ia para o havaí
de motocicleta e eu tive que ir para o trabalho
de biquíni portanto me resfriei

querida angélica não pude ir estou num
cybercafé às margens do orinoco fui sequestrada
por um grupo terrorista por favor deposite
dez mil dólares na conta 11308-0 do citibank
agência valparaíso obrigada pago quando voltar

pós

os homens as mulheres nascem crescem
veem como os outros nascem
como desaparecem
desse mistério brota um cemitério
enterram carcaças depois esquecem

os homens as mulheres nascem crescem
veem como os outros nascem
como desaparecem
registram registram com o celular
fazem planilhas depois esquecem

torcem pra que demore sua vez
os homens as mulheres
não sabem o que vem depois
então fazem uma pós

os homens as mulheres nascem crescem
sabem que um dia nascem
noutro desaparecem
mas nem por isso se esquecem
de apagar o gás e a luz

eu durmo comigo

eu durmo comigo/ deitada de bruços eu durmo comigo/ virada pra direita eu durmo comigo/ eu durmo comigo abraçada comigo/ não há noite tão longa em que não durma comigo/ como um trovador agarrado ao alaúde eu durmo comigo/ eu durmo comigo debaixo da noite estrelada/ eu durmo comigo enquanto os outros fazem aniversário/ eu durmo comigo às vezes de óculos/ e mesmo no escuro sei que estou dormindo comigo/ e quem quiser dormir comigo vai ter que dormir do lado.

**um útero é
do tamanho
de um punho**

um útero é do tamanho de um punho
num útero cabem cadeiras
todos os médicos couberam num útero
o que não é pouco
uma pessoa já coube num útero
não cabe num punho
quero dizer, cabe
se a mão estiver aberta
o que não implica gênero
degeneração ou generosidade
ter alguém na palma da mão
conhecer como a palma da mão
conhecer os dois, um sobre a outra
quem pode dizer que conhece alguém
quem pode dizer que conhece a degeneração
quem pode dizer que conhece a generosidade
só alguém que sentiu tudo isso
no osso, o que é uma maneira de dizer
a não ser que esteja reumático
ou o osso esteja exposto

im itiri i di timinhi di im pinhi
quem pode dizer tenho um útero
(o médico) quem pode dizer que funciona (o médico)
i midici
o medo de que não funcione
para que serve um útero quando não se faz filhos

para quê

piri qui

se tenho peito tenho dois
o mesmo vale pros rins
tenho duas orelhas
minis i vincint vin gigh

piri qui

úteros famosos:
o útero de frida kahlo
o útero de golda meir
o útero de maria quitéria
o útero de alejandra pizarnik
o útero de hilary clinton
[o útero de diadorim]

kahlo na sala de espera
meir dos óvulos de ouro
quitéria de modess na guerra
pizarnik decerto tampax
clinton não tem medo
de espéculos na maca fria
[mas diadorim nunca foi
ao ginecologista]

um útero expulsa os óvulos
óbvios
vermelho =
tudo bem!
isti tidi bim
vici ni isti grividi

um útero é do tamanho de um punho
num útero cabem capelas
cabem bancos hóstias crucifixos
cabem padres de pau murcho
cabem freiras de seios quietos
cabem as senhoras católicas
que não usam contraceptivos
cabem as senhoras católicas
militando diante das clínicas
às 6h na cidade do méxico
e cabem seus maridos
em casa dormindo
cabem cabem
sim cabem
e depois vão
comprar pão

repita comigo: eu tenho um útero
fica aqui
é do tamanho de um punho
nunca apanhou sol

um útero é do tamanho de um punho
não pode dar soco

questões importantes:

movimentação da bolsa
sacas de soja
reservas de água
barris de petróleo

voltemos ao útero:

manha manha
pata de aranha
quem manda nas entranhas
de mamãe

tiru tiru
lero lero
_____a-b-o-r-t-o-u
eu não posso

cana-de-açúcar
está na prisão
batatinha quando nasce
vai visitar

um tiro para o ar
e outro para o pé
a menina que namora
me deve um favor

um biscoito te dei
um biscoito pedi
quem pediu um biscoito
não está mais aqui

o caminho é longo
o cavalo é maduro
comerei deste cavalo
só se for no escuro

a cigana leu-te a sorte
disse que vais morrer
como é que leu a morte
se ela não sabe ler

se a bunda fosse na frente
e os peitos fossem atrás
livros abundariam
pra instruir o rapaz

comprei doce à freira
lá em quiriquiqui
não tinha tiramissu
então mitiradaqui

matei a minha porquinha
lá na beira do rio
o pato que não era bobo
sumiu

a menina que não estuda
vai puxar carroça
a égua foi à escola
ficou do lado de fora

vini vidi vici
piri qui

prezadas senhoras, prezados senhores,
excelentíssimo ministro, querida rainha da festa da uva,
amigos ouvintes, brasileiros e brasileiras:
apresento-lhes
o útero errante
o único
testado
aprovado
que não vai enganchar
nas escadas rolantes
nem nas esteiras
dos aeroportos
o único
com passe livre nos estados schengen

querida amiga, dicas para conservar
melhor o seu útero:
a gente nunca sabe quando vai precisar
do nosso útero —
em repouso
é tão pequeno e precioso
por isso é bom mantê-lo
num lugar seguro
longe da luz
a uma temperatura
de 36 graus
se alguém insistir para vê-lo
diga: bem rapidinho
não faça barulho

caros alunos: hoje vamos dissecar
o útero daquela que foi
uma das maiores cantoras nacionais
como já devem saber
temos aqui, preservado em vinagre
num frasco de fruta em calda
o útero de carmem miranda
o útero de carmem miranda
o útero de carmem miranda
peguem as colheres
e as cremeiras
se necessitarem
usem babeiros
mas em nome da ciência
não sujem
os vestidos

apêndice:

alguns fatos que rimam sobre o útero:

o útero fica
entre o reto
e a bexiga

uma das extremidades
se abre na vagina
outra é conectada
às duas tubas uterinas

a camada basal
é o que sobra do endométrio
depois da menstruação

monossílabos empregados
em literatura sobre o útero:

um

dissílabos: feto, cérvix, pélvis, parto

trissílabos: útero, vagina, falópio

outros polissílabos: mamíferos, mesométrio

a 36 graus
em ante-verso-flexão

i piri qui

3 poemas com o auxílio do google

a mulher vai

a mulher vai ao cinema
a mulher vai aprontar
a mulher vai ovular
a mulher vai sentir prazer
a mulher vai implorar por mais
a mulher vai ficar louca por você
a mulher vai dormir
a mulher vai ao médico e se queixa
a mulher vai notando o crescimento do seu ventre
a mulher vai passar nove meses com uma criança na barriga
a mulher vai realizar o primeiro ultrassom
a mulher vai para a sala de cirurgia e recebe a anestesia
a mulher vai se casar ter filhos cuidar do marido e das crianças
a mulher vai a um curandeiro com um grave problema de
[hemorroidas
a mulher vai sentindo-se abandonada
a mulher vai gastando seus folículos primários
a mulher vai se arrepender até a última lágrima
a mulher vai ao canil disposta a comprar um cachorro
a mulher vai para o fundo da camioneta e senta-se
[choramingando
a mulher vai colocar ordem na casa
a mulher vai ao supermercado comprar o que é necessário
a mulher vai para dentro de casa para preparar a mesa
a mulher vai desistir de tentar mudar um homem
a mulher vai mais cedo para a agência
a mulher vai pro trabalho e deixa o homem na cozinha
a mulher vai embora e deixa uma penca de filhos
a mulher vai no fim sair com outro

a mulher vai ganhar um lugar ao sol
a mulher vai poder dirigir no afeganistão

a mulher pensa

a mulher pensa com o coração
a mulher pensa de outra maneira
a mulher pensa em nada ou em algo muito semelhante
a mulher pensa será em compras talvez
a mulher pensa por metáforas
a mulher pensa sobre sexo
a mulher pensa mais em sexo
a mulher pensa: se fizer isso com ele, vai achar que faço com todos
a mulher pensa muito antes de fazer besteira
a mulher pensa em engravidar
a mulher pensa que pode se dedicar integralmente à carreira
a mulher pensa nisto, antes de engravidar
a mulher pensa imediatamente que pode estar grávida
a mulher pensa mais rápido, porém o homem não acredita
a mulher pensa que sabe sobre homens
a mulher pensa que deve ser uma "supermãe" perfeita
a mulher pensa primeiro nos outros
a mulher pensa em roupas, crianças, viagens, passeios
a mulher pensa não só na roupa, mas no cabelo, na maquiagem
a mulher pensa no que poderia ter acontecido
a mulher pensa que a culpa foi dela
a mulher pensa em tudo isso
a mulher pensa emocionalmente

a mulher quer

a mulher quer ser amada
a mulher quer um cara rico
a mulher quer conquistar um homem
a mulher quer um homem
a mulher quer sexo
a mulher quer tanto sexo quanto o homem
a mulher quer que a preparação para o sexo aconteça lentame
a mulher quer ser possuída
a mulher quer um macho que a lidere
a mulher quer casar
a mulher quer que o marido seja seu companheiro
a mulher quer um cavalheiro que cuide dela
a mulher quer amar os filhos, o homem e o lar
a mulher quer conversar pra discutir a relação
a mulher quer conversa e o botafogo quer ganhar do flameng
a mulher quer apenas que você escute
a mulher quer algo mais do que isso, quer amor, carinho
a mulher quer segurança
a mulher quer mexer no seu e-mail
a mulher quer ter estabilidade
a mulher quer nextel
a mulher quer ter um cartão de crédito
a mulher quer tudo
a mulher quer ser valorizada e respeitada
a mulher quer se separar
a mulher quer ganhar, decidir e consumir mais
a mulher quer se suicidar

argentina

I.

se estou na argentina sou uma poeta argentina
se leio a argentina como um grande livro, se como
na argentina, se escrevo na argentina e defeco
na argentina sou uma poeta argentina
e não é que me esqueça ou que não me importe
de ser brasileira
meu passaporte verde vale cinco mil mangos
no comércio de passaportes
mangos que valem mais que a fruta nacional
mas quando estou na argentina prefiro ser
uma poeta argentina
porque assim sou sem resistência
e não sinto falta do arroz porque aqui a massa
mesmo a mais barata no supermercado
não tem igual

se fosse argentina saberia preparar asados
que são diferentes do churrasco
esse envolvido em sal grosso perfurado por espetos no r.g.s.
r.g.s. bem podia ser a sigla
de complicações estomacais
ou o barulho de uma frase que não te sai
porque está entalada na garganta porque
no r.g.s.
las mujeres suelen ser así
e você tem que ser muito independente
ou estranha
para fazer um churrasco
e me parece que o churrasco sai mal

quando é muito pensado
e alguém pode dizer que eu voltei
feminista da argentina
ou será que eu tive muito tempo para pensar
nessas coisas que ninguém quer pensar
que é melhor que não se pense em nada
e que os churrascos sejam machos
como as saladas são fêmeas

a verdade é que não voltei da argentina

II.

os churrascos são de marte
e as saladas são de vênus

me dizia uma amiga que os churrascos
cabem aos homens porque são feitos
fora de casa

às mulheres as alfaces
às alfaces as mulheres

que alguém se rebele e diga
pela imediata mudança de hábitos

assar uma carne no forno
seria um paliativo não seria uma solução
que suem as lindas na frente da churrasqueira
e que piquem eles as folhas verdes

III.

você comeria a joanna newsom?
sim mas não nestas condições:

um jornalista paulistano passa a noite pensando
que newsom é bem bonita mas se veste
excentricamente

é bem bonita

ou seja não é feia
é bonita mas não nestas condições

você comeria a joanna newsom?

você diria que ela parece uma menininha
que usa botinhas e que pelo rasgo do vestidinho
pode ver sua calcinha?

IV.

com base no texto publicado, pode-se dizer que joanna
[newsom:
a. ( ) é um bom pedaço de bife
b. ( ) é uma salada de agrião

V.

adoro quando minha amiga de infância
me levanta o rosto
e me passa rímel

e me diz que agora sou poeta
e tenho trinta anos e que não é
só acordar lavar o rosto e deu

(me deu um rímel da lancôme)

só tenho que esperar que seque o rímel
para colocar de volta os óculos

VI.

para colocar de volta os óculos
é preciso querer ver de novo

seja querer se ver de novo
seja para ver como ficou o rímel

pode-se notar o efeito
por trás das lentes?

e se eu choro
borra-se o produto?

VII.

me lo comí
me lo comí
había un poema acá
pero me lo comí
estuvo rico el poema
relleno de maní
como las golosinas
que vendía mi tia lucí
eruté eruté
y era música
la escucharon
los frailes y las monjas
y una sola golondrina
que volaba a parís

VIII.

não é sua culpa se não sei fazer churrascos
preparar martínis
e se não li como deveria ter lido barthes

antes
preferia arriscar-me em navios
em limpezas de convés
confirmar a amizade dos homens

IX.

aquela anedota que nunca contei

a filha de diplomatas mongóis
era emotiva mas tinha grana
para comprar bons rímeis

então quando chorava
e os amigos acudiam

ela com as mãos abertas
como se o esmalte estivesse fresco
se abanava para secar as lágrimas

e repetia entre soluços
waterproof waterproof

X.

poeta argentina:

zelarayán de nápoli thénon
bianco medrano e freitas

freitas, no sos 1 poeta argentina

bueno, soy 1 poeta brasileña

o livro rosa do coração dos trouxas

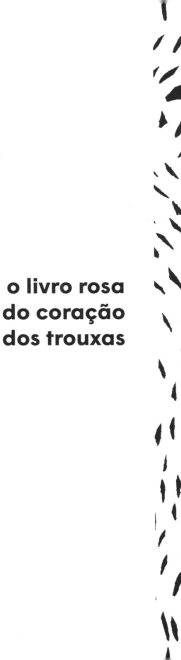

I.

eu quando corto relações
corto relações.
não tem essa de
briga de torcida
todos os
sábados.
é a extinção do estádio.
vejo as forças
que atuam, a tesoura,
o papel,
a vontade de cortar.
tudo é provocação?
então embrulha
tua taquicardia
num sorvete de amêndoas,
reza que derreta.
quando lembro do
corte revivo a
ferida.
melhor não.
o corte é definitivo,
a dor retorna em forma
de milão madri
ou liverpool
quando convocada.
ricardo
lembra do teu passado
só se te dá
prazer.
how elizabeth

bennet of you.
mas tirar
deleite da perda,
convencer fulana
de que minha fraqueza
nada oblitera?
exigir um rio de janeiro
com gatos e livros,
legítima esposa?
fico sonhando com
a viagem a um país onde a
língua seja vértebra
sobre vértebra,
palavras com j
antes do l,
e cacos gregos
que me devolvam
ao aluguel da casa.

II.

uma namorada
que pinte as unhas
é inesquecível
você pode
estranhar as cores
olhar pela janela
e pegar qualquer
uma: o verde do capô
daquele carro
o vermelho do

restinho de maçã
no meio-fio
o ocre do cipó
do tarzan na tv
e pensar que
seriam mais bonitas
nas unhas de sua
namorada
do que esse marrom
achocolatado
e troca o canal
e se apaixona afinal
pelo cheiro da acetona.

III.

as mulheres são
diferentes das mulheres
pois
enquanto as mulheres
vão trabalhar
as mulheres ficam
em casa
lavando a louça
e criam os filhos
mais tarde chegam
as mulheres
estão sempre cansadas
vão ver televisão.

IV.

eu tive uma namorada
que não queria
me convencer de que
a vida era uma merda

é raro como um ralo
onde se vê o pôr do sol
é raro como um galo gago
um faro um farol palrador.

V.

eu tive uma namorada
com superpoderes
de invisibilidade
e quando andava com ela
também era invisível

mas quando ela usava
uma blusa transparente
virava a incrível
mulher-teta

eu continuava
sob o guarda-chuva
de superpoderes
superinvisível
invejável
ao lado das

cervejas e
superamendoins.

VI.

eu tive uma namorada
que combinava
meu sofrimento
com calcinhas
azul-bebê
diminutivos e
new order

eu queria era
pintar flores
na marreta
chafurdar
nas palmeiras
de plástico
do edifício

fugir deixando
dois filhos
as letras completas
da suzanne vega
como deixei
numa terça
longe das caixas
de papelão
e do beijo na tua mãe.

VII.

o fim do dia
seria lindo, você
descobrindo que
a água da privada
gira para o outro
lado
no japão,
sem ter com
quem dividir
a informação.
um tempo
para se acostumar
às noites de um
e mil dentifrícios,
sheherazade do
hálito das
bolsas de estudo.

VIII.

o fim do dia
seria longe
da vila mariana
com uma garrafa
de gato negro,
tinto
de supermercado.
nalguma vinha
do chile

alguém canta
e é hétero.

IX.

o dia seguinte
na tua cama
de lençóis
zêlo com
circunflexo,
a dôr com
circunflexo,
porque é
antiga,
como o café pelé
todos a conhecem.

X.

não devias te casar
com alguém que não te
leva a pescar
ou a ver o pôr do sol
no ralo do banheiro
ou no cume de um morro
há poucos lagos
na dinamarca, ela disse,
e me ofereceu um
caramelo
mastigável

coberto de chocolate
meio-amargo,
a montanha mais
alta da dinamarca
tem 173 metros,
cem vezes você,
meu amor, e dê-lhe
caramelos.

XI.

não devias te casar
com uma subversiva
que usa mauser
debaixo do poncho
e calcinhas
de algodão cru
em desacordo
com as meias
que vê um godard
e arrota coca-cola
que anota em
canto de página
de compêndios poéticos
das edições gallimard
"lindo!" ou
"how true!"

XII.

não devias te casar
com ela,
ponto final.
susana thénon,
filha de neurologista,
morreu de tanto
cérebro.
se a história se
repetisse, toda
nanica e irônica,
as filhas das freiras
nunca se casariam,
fariam bem-casados
mas não fariam
sentido.
e a família de
angélica freitas
por fim convidaria
a sociedade
pelotense para
o enlace
de suas filhas
angélica & angélica
na catedral
são francisco
de paula
às 17 horas do
dia 38-39 (brasil)
40 (europa).

Sobre a autora

Angélica Freitas nasceu em Pelotas (RS) em 1973. Publicou dois livros de poemas: *Rilke shake* (Coleção Ás de colete, 7Letras e Cosac Naify, 2007) e *Um útero é do tamanho de um punho* (Cosac Naify, 2012), além da HQ *Guadalupe*, com arte de Odyr (Quadrinhos na Cia., 2012). O primeiro, publicado nos Estados Unidos pela editora Phoneme Media em 2016, com tradução de Hilary Kaplan, recebeu os prêmios Best Translated Book Award e National Translation Awards na categoria poesia. *Um útero é do tamanho de um punho* foi escolhido como melhor livro de poesia de 2012 pela Associação Paulista de Críticos de Arte (APCA). Angélica participou de várias antologias no Brasil e no exterior, e teve poemas publicados em revistas como *Poetry*, *Granta*, *Diario de Poesía* e *Modern Poetry in Translation*. Seus livros também foram editados em Portugal, na Espanha e na Alemanha.

TIPOGRAFIA Wigrum

DIAGRAMAÇÃO acomte

PAPEL Pólen Bold, Suzano S.A.

IMPRESSÃO Lis Gráfica, abril de 2024

A marca FSC® é a garantia de que a madeira utilizada na fabricação do papel deste livro provém de florestas que foram gerenciadas de maneira ambientalmente correta, socialmente justa e economicamente viável, além de outras fontes de origem controlada.